MÉTHODE
COMPLÈTE
DE LECTURE.

À l'usage

DES ENFANTS PRÉCOCES, ORDINAIRES OU ARRIÉRÉS,

PAR M. PIROUX

Fondateur et Directeur de l'Institution des Sourds-Muets de Nancy

ADOPTÉE PAR LE CONSEIL DE L'INSTRUCTION PUBLIQUE

4e Édition.

PRIX : 50 CENTIMES

PARIS

HACHETTE, LIBRAIRE, RUE PIERRE-SARRASIN, 12

NANCY

GRIMBLOT ET VEUVE RAYBOIS, IMPRIMEURS-LIBRAIRES,
GRANDE-RUE, 7, ET RUE SAINT-DIZIER, 12X

1851

MÉTHODE

COMPLÈTE

DE LECTURE,

A L'USAGE

DES ENFANTS PRÉCOCES, ORDINAIRES OU ARRIÉRÉS ;

PAR M. PIROUX,

Fondateur et Directeur de l'Institution des Sourds-Muets de Nancy ;

ADOPTÉE PAR LE CONSEIL DE L'INSTRUCTION PUBLIQUE.

5e Édition.

PRIX : 50 CENTIMES.

PARIS,

HACHETTE, LIBRAIRE, RUE PIERRE-SARRASIN, 12.

NANCY,

GRIMBLOT ET VEUVE RAYBOIS, IMPRIMEURS-LIBRAIRES,
Place du Peuple, 7, et rue Saint-Dizier, 125.

1851.

(Voir les explications à la fin du livre.)

1re LEÇON.

Phrase et mots.

victor va à l'école

Mots et syllabes.

vic tor va à l'é co le

Syllabes, sons et articulations.

vic tor va à l'é co le

Phrase et mots.

il écoute l'instituteur

Mots et syllabes.

il é cou te   l'in sti tu teur

Syllabes, sons et articulations.

il é cou te   l'in sti tu teur

Phrase et mots.

il tâche de bien lire

Mots et syllabes.

il tâ che de bien li re

Syllabes, sons et articulations.

il tâ che de bien li re

Phrase et mots.

il imite un modèle d'écriture

Mots et syllabes.

il i mi te un mo dè le d'é cri tu re

Syllabes, sons et articulations.

il i mi te un mo dè le d'é cri tu re

Phrase et mots.

il cultive son jardin

Mots et syllabes.

il cul ti ve son jar din

Syllabes, sons et articulations.

il cul ti ve son jar din

Phrase et mots.

il porte une fleur à sa mère

Mots et syllabes.

il por te u ne fleur à sa mè re

Syllabes, sons et articulations.

il por te u ne fleur à sa mè re

Phrase et mots.

il goûte sur le gazon

Mots et syllabes.

il goû te sur le ga zon

Syllabes, sons et articulations.

il goû te sur le ga zon

Phrase et mots.

il se hâte de secourir son ami

Mots et syllabes.

il se hâ te de se cou rir son a mi

Syllabes, sons et articulations.

il se hâ te de se cou rir son ami

Phrase et mots.

il pêche à la ligne

Mots et syllabes.

il pê che à la li gne

Syllabes, sons et articulations.

il pê che à la li gne

Phrase et mots.

il va dire une prière

Mots et syllabes.

il va di re u ne pri è re

Syllabes, sons et articulations.

il va di re u ne pri è re

Phrase et mots.

il se trouve à une grande fête

Mots et syllabes.

il se trou ve à u ne gran de fê te

Syllabes, sons et articulations.

il se trou ve à u ne gran de fê te

Phrase et mots.

il retourne à son travail

Mots et syllabes.

il re tour ne à son tra vail

Syllabes, sons et articulations.

il re tour ne à son tra vail

13e LEÇON.

victor va à l'école

il écoute l'instituteur

il tâche de bien lire

il imite un modède d'écriture

il cultive son jardin

il porte une fleur à sa mère

il goûte sur le gazon

il pêche à la ligne

il se hâte de secourir son ami

il va dire une prière

il se trouve à une grande fête

il retourne à son travail

14ᵉ LEÇON.

il écoute l'instituteur

il va dire une prière

il goûte sur le gazon

victor va à l'école

il se trouve à une grande fête

il pêche à la ligne

il porte une fleur à sa mère

il retourne à son travail

il se hâte de secourir son ami

il cultive son jardin

il tâche de bien lire

il imite un modèle d'écriture

15ᵉ LEÇON.

Portions de phrases extraites des phrases précédentes.

victor va	l'instituteur
sur le gazon	il retourne
à sa mère	il tâche
il goûte	un modèle
une fleur	il va dire
de secourir	à son travail
il cultive	il imite
à une grande fête	il écoute
son ami	d'écriture
il pêche	à l'école
son jardin	il se trouve
une prière	de bien lire
il se hâte	il porte

2

16e LEÇON.

Mots extraits des portions de phrases qui précèdent.

à

il	un	de	la	le	sa	se	va

ami	une	son	sur

bien	fête	hâte	lire	mère

fleur	gazon	goûte	imite
ligne	pêche	porte	tâche

écoute	grande	jardin	l'école
modèle	prière	trouve	victor

cultive	travail	invite

secourir	retourne

d'écriture

l'instituteur

17e LEÇON.

*Syllabes extraites des mots précédents avec distinction des sons
et des articulations.*

a à é è i u

co de dè d'é di fê ga
hâ il in la l'é le li mè
mî mo ne pê re sa se
tâ te ti tu un va ve vi

che cou cri cul din goû
gne jar l'in por pri rir
son sti sur tor tra vic zon
bien gran teur tour trou vail

fleur

18e LEÇON.

Sons et articulations simples de la langue française extraits des syllabes précédentes.

Sons.

a	é	è	e	i	o	u

eu	ou

an	in	on	un

Articulations.

be	pe	de	te	cue (que)	gue
e	he	le	re	me	ne
che	je	se	ze	fe	ve

ille (*lieu*)   gue (*nieu*)

19ᵉ LEÇON.

Sons et articulations pêle-mêle.

in	re	i
fe	on	ille
a	me	o
se	un	è
che	le	eu
e	pe	ze
ne	u	ve
an	je	é
cue	e	gue
ou	he	de
gne	te	be

20e LEÇON.

ba	bé	bè	be	bi	bo	bu
beu	bou	ban	bin	bon	bun
pa	pé	pè	pe	pi	po	pu
peu	pou	pan	pin	pon	pun
da	dé	dè	de	di	do	du
deu	dou	dan	din	don	dun
ta	té	tè	te	ti	to	tu
teu	tou	tan	tin	ton	tun
ca	co	cu	cou	can	con	cun
ga	go	gu	gou	gan	gon	gun
ha	hé	hè	he	hi	ho	hu
heu	hou	han	hin	hon	hun
la	lé	lè	le	li	lo	lu
leu	lou	lan	lin	lon	lun
ra	ré	rè	re	ri	ro	ru
reu	rou	ran	rin	ron	run

(Suite)

---

ma mé mè me mi mo mu
meu mou man min mon mun

---

na né nè ne ni no nu
neu nou nan nin non nun

---

cha ché chè che chi cho chu
cheu chou chan chin chon chun

---

ja jé jè je ji jo ju
jeu jou jan jin jon jun

---

sa sé sè se si so su
seu sou san sin son sun

---

za zé zè ze zi zo zu
zeu zou zan zin zon zun

---

fa fé fè fe fi fo fu
feu fou fan fin fon fun

---

va vé vè ve vi vo vu
veu vou van vin von vun

Sons suivis des articulations, à faire lire sans épeler.

abe   ébe   ibe   obe   ube
eube oube anbe inbe onbe unbe

ape   épe   ipe   ope   upe
eupe oupe anpe inpe onpe unpe

ade   éde   ide   ode   ude
eude oude ande inde onde unde

ate   éte   ite   ote   ute
eute oute ante inte onte unte

ale   éle   ile   ole   ule
eule oule anle inle onle unle

are   ére   ire   ore   ure
eure oure anre inre onre unre

ame   éme   ime   ome   ume
eume oume anme inme onme unme

23ᵉ LEÇON.

(Suite.)

ache éche iche oche uche
euche ouche anche inche onche

aje éje ije oje uje
euje ouje anje inje onje unje

ase ése ise ose use
euse ouse anse inse onse unse

aze éze ize oze uze
euze ouze anze inze onze unze

afe éfe ife ofe ufe
eufe oufe anfe infe onfe unfe

ave éve ive ove uve
euve ouve anve inve onve unve

aille éille ille oille uille
euille   ouille

agne égue igne ogne ugne
eugne ougne angne ingne ongne

24e LEÇON.

*Lettres de l'alphabet (1) avec la prononciation (2) et l'ortho-
graphe (3) de leurs noms usuels.*

(1) **a**	**b**	**c**	**d**	**e**
(2) *a*	*bé*	*sé*	*dé*	*é*
(3) a	bé	cé	dé	é
f	**g**	**h**	**i**	**j**
ef	*jé*	*ache*	*i*	*ji*
effe	gé	ache	i	ji
k	**l**	**m**	**n**	**o**
ca	*éle*	*éme*	*éne*	*o*
ka	elle	éme	éne	o
p	**q**	**r**	**s**	**t**
pé	*cu*	*ère*	*ése*	*té*
pé	qu	ère	esse	té
u	**v**	**x**	**y**	**z**
u	*vé*	*icse*	*i gréc*	*zède*
u	vé	icse	i grec	zède

Lettres minuscules et majuscules de l'alphabet à faire nommer.

a	b	c	d	e
A	**B**	**C**	**D**	**E**
f	g	h	i	j
F	**G**	**H**	**I**	**J**
k	l	m	n	o
K	**L**	**M**	**N**	**O**
p	q	r	s	t
P	**Q**	**R**	**S**	**T**
u	v	x	y	z
U	**V**	**X**	**Y**	**Z**

Lettres minuscules pêle-mêle à faire nommer.

o	m	e	i	n
g	k	f	y	p
c	a	h	j	q
x	v	d	r	s
u	t	l	z	b

Lettres majuscules pêle-mêle à faire nommer.

B	P	A	V	E
M	Z	Q	X	I
H	D	C	G	O
T	V	F	L	K
S	R	Y	N	J

27ᵉ LEÇON.

Voyelles minuscules.

a e i o u *et* y

Consonnes minuscules.

b c d f g h j k l m n

p q r s t v x z

Voyelles majuscules.

A E I O U *et* Y

Consonnes majuscules.

B C D F G H J K L M N

P Q R S T V X Z

28ᵉ LEÇON.

ba	bé	bi	bo	bu
ca	cé *(sé)*	ci *(si)*	co	cu
da	dé	di	do	du
fa	fé	fi	fo	fu
ga	gé *(jé)*	gi *(ji)*	go	gu
ha	hé	hi	ho	hu
ja	jé	ji	jo	ju
ka *(ca)*	ké	ki	ko	ku
la	lé	li	lo	lu
ma	mé	mi	mo	mu
na	né	ni	no	nu
pa	pé	pi	po	pu
qua *(ca)*	qué	qui	quo	qu
ra	ré	ri	ro	ru
sa	sé	si	so	su
ta	té	ti	to	tu
va	vé	vi	vo	vu
xa *(csa)*	xé	xi	xo	xu
za	zé	zi	zo	zu

Syllabes composées d'une consonne et d'une voyelle, à faire épeler et lire.

ab	ib	ob	ub
ac	ic	oc	uc
ad	id	od	ud
af	if	of	uf
ag	ig	og	ug
al	il	ol	ul
ap	ip	op	up
ar	ir	or	ur
as	is	os	us
at	it	ot	ut
ax (*acse*)	ix	ox	ux
az	iz	oz	uz

30ᵉ LEÇON.

*Syllabes composées d'une voyelle entre deux consonnes,
à faire épeler et lire.*

bal	bil	bol	bul
dar	dir	dor	dur
fal	fil	fol	ful
mal	mil	mol	mul
nar	nir	nor	nur
par	pir	por	pur
rac	ric	roc	ruc
sac	sic	soc	suc
tar	tir	tor	tur
val	vil	vol	vul

Mots d'une syllabe écrits comme ils se prononcent, à faire épeler et lire.

as	bac	bon	cap
coq	cor	cou	cri
dé	don	dot	dru
duc	dol	fat	feu
fil	fin	for	fou
gaz	glu	gré	hoc
il	jeu	lac	lin
lis	Luc	mal	mil
mon	mou	mur	non
nul	ouf	pal	pan
pou	pur	roc	ru
sac	sur	suc	tan
tic	tir	trou	un
us	va	veuf	vif
vil	vin	vol	vis

3

32ᵉ LEÇON.

Mots de deux syllabes écrits comme ils se prononcent, à faire épeler et lire.

ac tif	a lun	ar me	ba bil
bé nir	bi don	bo cal	ca fé
cha pe	co rde	cu ve	da me
dé fi	do ete	din don	é gal
é lan	é lu	fa ble	fi lou
for me	ga lon	gi vre	gor ge
hal te	hé ron	hi bou	hu re
i vre	ja lon	jo li	la pin
lè vre	li vre	ma ri	mo de
na tif	nè gre	no te	nu que
o deur	ou bli	pa vé	pi le
pu nir	ra ve	ri de	ru ban
sa le	so bre	su cre	ta xe
ti gre	u nir	va che	ve nir
vi de	vô tre	vo ûte	zéro

33ᵉ LEÇON.

Mots de trois syllabes écrits comme ils se prononcent, à faire épeler et lire.

a bî me
ba la fre
dé rou té
é pin gle
fra gi le
gri gno té
i gna re
lé gu me
ma li gne
noc tur ne
or ga ne
qua li té
re chu te
sur vi vre
vo lon té

a do ré
cha ri té
do mi no
é pon ge
fal ba la
ha chu re
in cul te
li qui de
mus ca de
nu mé ro
pan ta lon
quin tu ple
ri pos te
tor tu re
vé gé tal

ar le quin
ca po ral
dé ro bé
é bran lé
fa vo ri
i ma ge
ju ju be
mon ta gne
na tu re
o ra cle
pu re té
ra ma ge
sa co che
u ti le
zou a ve

Mots de quatre syllabes écrits comme ils se prononcent, à faire épeler et lire.

as tro no me	Ar chi mè de
ban de ro le	bou le do gue
ca pi ta le	cla vi cu le
dé gé né ré	é cla tan te
é qui ta ble	fa cul ta tif
fan tas ti que	ge ni è vre
in di vi du	i do lâ tre
jour na lis te	ki lo mè tre
lé gi ti me	ma ri a ge
neu tra li té	o pé ra teur
o pus cu le	pa no ra ma
pa ga nis me	qua tri è me
ri di cu le	sé vé ri té
u na ni me	vé né ra ble
y a ta gan	zo di a cal

35e LEÇON.

Signes orthographiques à faire épeler et lire.

Nuls.	Accent aigu. (´)	Accent grave. (`)	Accent circonflexe. (^)
mal	va ni té	à	pâ te
lime	sé vé ri té	pè re	fê te
pli	pi é té	mè re	a bî me
bol	é té	frè re	cô te
tu	bon té	brè che	flû te
feu	vé ri té	flè che	jeû ne
chou	a mi tié	le hìc	croû te
pan	man gé	où	goî tre
vin	li é		qu'il vînt
son			
un			

Apostrophe. (')	Trait d'union. (—)	Tréma. (¨)	Cédille. (ç)
l'â me	gâ te–pâ te	po ë te	fa ça de
j'a dmi re	tê te-à-tê te	na ïf	de ça
s'il par le	par-là	ha ïr	or ça
en tr'ac te	por te-le	Sa ül	re çu
	ti re-li re	No ël	il a ga ça

36e LEÇON.

*Différentes manières d'écrire les sons simples dans des mots divisés
en syllabes, à faire épeler et lire.*

a A

pa pa	ta bac	ta bacs	ah !
dou ai ri è re	drap	draps	chat
à	ha bi le	Mag de lei ne	Jean ne
bâ ton	al ma nach	al ma nachs	paon
bas	rats	bât mâts	or geat
dam ner	fem me	hen nir	so len nel

é É

de gré	jour née	a che vées	ils agré ent
clef	clefs	et eh !	bou cher
sé vé ri tés	dan gers	je li rai	hé bé té
nez	OE di pe	je sais	aî né
pied	hœ ma to se	il sait	ai mer
pieds	bec que ter	sep tiè me	pei gne

è È

mo dè le	so leil	bel	as pect
ba lei ne	sep tiè me	sept cents	ca bi net
le dey	les deys	mai	laid
lait	il ar ri vait	il ar ri voit	si rè ne

37ᵉ LEÇON.

(*Suite.*)

fê te	in té rêt	prêts	pè re
a près	ter re	é chec	é checs
res pects	legs	nei ge	les
il est	pou lets	cais son	naî tre
il pa raît	plaie	mon naies	ils chan taient
her be	laids	por traits	paix
pa roî tre	ma rais	ils écrivoient	je dan sois
je pa roîs	foi ble	maî tre	il con noît

e E

je	te	le	de man de

i I

a mi	na ïf	cric crics	a mict
a micts	nid	nids	tou pie
tu é tu dies	ils ma nient	ba ril	ou tils
a mis	Jé sus-Christ	il lit	ma nus crits
é pî tre	qu'il vît	per drix	riz
tra hi	en va hie	en va hies	je tra his
il tra hit	qu'il tra hit	hy dre	ty ran
si gnet	po ly pe	hy men	pays

38ᵉ LEÇON.

o O

do do	broc	coq d'in de	oi gnon
mon sieur	si rop	os tro goth	coqs d'in de
pré vôt	sa bot	os tro goths	ho no ré
hô tel	ca hot	rô le	ac crocs
ga lops	pro pos	dé pôt	fa gots
au tel	im pôts	ca hots	ao ris te
Thi bault	cra paud	ré chauds	Ar nauld
che vaux	faulx	dé faut	le vrauts
sceau	eau	rou geaud	eaux
o pium	bau me	au tom ne	heau me
oh !	os	»	»

u U

fu tur	nue	tu sues	ils re muent
culs-de-sac	ver tus	Saint – Just	cul-de-sac
tri buts	flux	Sa ül	flû te
qu'il fût	fûts	hu mi de	co hue
co hues	ba hut	ba huts	j'ai eu
la pei ne que	les pei nes	j'eus	il eut
j'ai eue	que j'ai eues	nous eû mes	qu'il eût

39ᵉ LEÇON.

eu EU

peu	bleue	queues	neuf cents
fai sons	mon sieur	mes sieurs	bleus
il pleut	a veux	jeû ner	œil
bœufs	nœud	nœuds	œuf frais
vœux	mal heu reux	cer cueil	,

ou OU

jou jou	ra doubs	il moud	tu couds
joue	tu loues	ils dé vouent	pouls
loup	coups	vous	bout
é gouts	doux	voû té	soûl
soûls	goût	ra goûts	aou te ron
saoul	saouls	août	où
sol	li cols	qua ter ne	ra doubs

40e LEÇON.

an AN

ma man	franc	bancs	grand
bri gands	é tang	rangs	dans
a vant	é lé phants	Caen	paon
faons	Adam	qui dams	camp
champs	em bar ras	Hen ri	temps
e xem ple	tems	ex emp te	ex empts
ré vé rend	ba reng	sen ten ce	pru dent
ha rengs	dé han ché	en cens	am bi tion
ta lents	Jean	jam bon	»

in IN

ma lin	ca lins	ins tinct	dis tincts
ving tiè me	vingt	vingts	cinq sous
Ca ïn	vous vîn tes	il fal lait qu'il	es saim
suint	pain	vînt	il con vainc
suc cinc te	par paing	dé dains	es saims
tu con vaincs	ster ling	saint	con traints
lim pi de	des sein	des seins	seing

41ᵉ LEÇON.

(Suite.)

seings	feint	feints	il tient
le tien	liens	le Rhin	lynx
ex a men	Reims	nym phe	ven dé ens

on ON

din don	bon bons	jonc	troncs
gond	ronds	long	longs
ils sont	ponts	taon	taons
ma hon	ma hons	pi geon	pi geons
nom	pré noms	a plomb	plombs
comp te	tu cor romps	il rompt	prompts
pun gi tif	rhumb	»	»

un UN

cha cun	bruns	jeûn	em prunt
dé funts	hum ble	par fum	par fums

42ᵉ LEÇON.

*Différentes manières d'écrire les articulations simples,
à faire épeler et lire.*

be BE

| Ja cob | bar bet | ro be | bar bes |
| ils cour bent | ab bé | robs | » |

pe PE

cap	caps	pa pe	pi pes
ils sou pent	ap por té	nap pe	nip pes
ils frap pent	ob sti né	»	»

de DE

| Da vid | d'a van ce | din de | ca ma ra des |
| ils ven dent | ils ad hè rent | » | » |

te TE

fat	fats	tu t'en vas	té te
por tes	ils tâ tent	at ten du	ca rot te
tu net tes	ils abat tent	a ga the	a ga thes
luth	luths	a thlè te	»

cue CUE (*que*)

| coq | coqs | qui | qu'il vien ne |
| quil le | ba ra qué | pâ ques | ec chy mo se |

43ᵉ LEÇON.

(Suite.)

ils pi quent	bouc	boucs	il a bec que
é cho	Da ne marck	a bec quer	tu a bec ques
ils abecquent	oc cu pé	ex ci té	kios que
ki ri el le	look	sang humain	»

gue GUE

gou jon	gué ri	di gue	lan gues
ils vo guent	ag gra ver	se cond	»

he HE

ha meau	hé ros	hi bou	en har dir

le LE

bal	na vals	l'â me	é co le
tu par les	ils brû lent	al lé	mal le
vil les	ils col lent	mal heu reux	»

re RE

il ri ra	porc frais	porcs	dard
ba vards	lec tu re	fri tu res	ils ti rent
nerf	cerfs	fau bourg	sur murs
rhi no cé ros	fau bourgs	Bé arn	corps
fort	ar ro sé	ter re	guer res
ils er rent	ar rhé	il ar rhe	tu ar rhes
ils ar rhent	a mours	ef forts	art arts

44ᵉ LEÇON.

me ME

ma ri	m'a-t-il vu ?	â me	ar mes
ils ai ment	pom ma de	som me	pom mes
ils assomment	o pium	»	»

ne NE

nuit	n'as-tu pas ?	cor ne	é pi nes
ils bor nent	bon heur	hy men	hy mens
dam né	au tom ne	tu condamnes	ils dam nent
an neau	don ne	co lon nes	ils entonnent

che CHE

mou ché	bou che	sou ches	ils bê chent
schis me	ver mi cel le	»	»

je JE

ju pon	j'ai me	je lis	gi ron
i ma ge	à ges	ils man gent	»

se SE

si	s'il	bour se	cour ses
ils pen sent	bos su	gros se	ca ros ses
ils pas sent	scé lé rat	sceau	ves ce
ves ces	ils acquiescent	as thme	ci vi li té
c'est lui	grâ ce	no ces	ils for cent
re çu	pa tien ce	ex quis	Rho dez

45ᵉ LEÇON.

ze ZE

gaz	ga zon	bron ze	bron zes
ils ga zent	ro sée	ro se	che mi ses
ils bri sent	laz zi	deux a mis	»

fe FE

ca nif	ac tifs	gi ra fe	gol fes
ils a gra fent	chif fon	é tof fe	grif fes
ils étouf fent	jo seph	triom phe	pa ra phes
sa tis fai sant	ils paraphent	»	»

ve VE

vin	ra ve	ca ves	pau vres
ils ar ri vent	Wol ga	neuf en fants	»

ille ILLE

deuil	so leils	meil leur	feuil le
mu rail les	ils ha bil lent	gentil homme	»

gne GNE

ros si gnol	li gne	tu dé si gnes	ils ga gnent

46ᵉ LEÇON.

Différentes manières d'écrire les sons doubles,
à faire épeler et lire.

ia IA

fi a cre	a ca ci a	ra ta fi as	na ï a de
ba ya dè re	il pay a	»	»

ié IÉ

a mi tié	a mi tiés	pied	tré pieds
ils si éent	sa ve tier	ca hiers	ma ri ée
es tro pi ées	vous di siez	payé	»

iè IÈ

niè ce	miel	vieil	hier
bré vi ai re	bi ais	ca ca oï ère	»

io IO

fio le	ba ïon net te	Bay on ne	mi au ler
boy au	»	»	»

iou IOU

Col li ou re | a fi ou me | Montesquiou | »

47e LEÇON.

ieu IEU

Dieu	lieue	ban lieues	a ïeul
cieux	tri sa ïeu le	bi sa ïeux	les yeux

iu IU

Ca ï us	La ï us	»	»

ian IAN

vian de	fien te	fa ïen ce	May en ce
a yant	»	»	»

ien IEN

chien	biens	il vient	moy en
ci toy ens	pa ïen	pa ïens	»

ion ION

pion	pions	ray on	dy on co se

oa OA

bo a	jo ail lier	co ad ju teur	o a sis

4

48e LEÇON.

oè OÈ

po è le | moel le | moel leux | fo er re

oi OI

(Diphthongue pure.)

moi	froid	froids	joie
oies	ils voient	doigt	doigts
droit	dé troits	trois	voix
s'as seoir	tu t'as seois	il s'as seoit	qu'il é ch oie
croî tre	tu croîs	toît	toîts
hoi rie	Fon te noy	broy er	Troyes
poê le	»	»	»

oin OIN

(Diphthongue nasale.)

loin	soins	poing	poings
point	points	»	»

ué UÉ

du el | cru el le | du è gne | é ques tre

49ᵉ LEÇON.

ui UI

lui	muid	muids	buis
pluie	truies	ils fuient	fruit
puits	au jour d'hui	huit cents	s'en nuyer

uin UIN

juin	suin te ment	suint	suints

oua OUA

ou a te	pou a cre	pou ah	lin gu al

ouè OUÈ

fouet	fou ets	fou et ter	ou ais

oui OUI

foui ne	ou ïr	whig	»

ouin OUIN

mar souin	mar souins	»	»

50ᵉ LEÇON.

*Différentes manières d'écrire les sons doubles et triples,
à faire épeler et lire.*

ble BLE

| blanc | bi ble | ta bles | ils trem blent |

bre BRE

| a bri | ar bre | cham bres | ils se ca brent |

ple PLE

| pli | tri ple | sou ples | ils peu plent |
| sup pli ce | » | » | » |

pre PRE

| pré | pro pre | â pres | ap pris |

pne PNE

| pneuma ti que | » | » | » |

pse PSE

| laps de temps | é cli pse | re lap ses | ils é cli psent |

dre DRE

| ca dran | ca dre | ten dres | ils pou drent |

51e LEÇON.

tre TRE

| tré pas | en tr'au tres | lus tre | as tres |
| ils en trent | at tra pé | » | » |

cle CLE

| clar té | o ra cle | bou cles | ils ra clent |

cre CRE

| sa cré | en cre | su cres | ils massacrent |
| ac cro ché | Jé sus-Christ | » | » |

cse (xe) CSE (XE)

| fi xé | il ta xe | tu vex es | ils fi xent |

gle GLE

| gla cé | a veu gle | é pin gles | ils étranglent |
| ag glo mé rer | Glau de | » | » |

gre GRE

| grand | o gre | mai gres | ils dé ni grent |

gme GME

| dog ma ti ser | dog me | dog mes | » |

52ᵉ LEÇON.

gne GNE

| gno me | a gnus-cas tus | » | » | » |

gze (xe) GZE (XE)

| ex il | ex ha ler | » | » | » |

mne MNE

| hy mne | hy mnes | » | » | » |

sbe SBE

| sbi re | » | » | » | » |

scue (sque) SCUE (SQUE)

| scor but | squir re | » | » | » |

sfe SFE

| sphè re | » | » | » | » |

spe SPE

| spen cer | » | » | » | » |

ste STE

| stuc es thé ti que | pos te » | cas tes » | ils pos tent » |

53ᵉ LEÇON.

sve **SVE**

svel te | » | » | »

sple **SPLE**

splen deur | » | » | »

scre **SCRE**

scri be | » | » | »

stre **STRE**

stra ta gè me| mons tre | mons tres | »

fle **FLE**

flû te | gi ro fle | tu en fles | ils gon flent
souf flé | il sif fle | tu sif fles | ils souf flent
phlo gis ti que| » | » | »

fre **FRE**

franc | sou fre | fi fres | ils gau frent
souf frir | chif fre | cof fres | ils of frent
phra se | cam phre | » | »

vre **VRE**

ou vra ge | li vre | ca da vres | ils ou vrent

54e LEÇON.

Signes de Ponctuation à faire nommer en épelant.

Virgule (,):

Les poires, les pommes, les pêches, les raisins, sont de bons fruits.

Le chien est fidèle, intelligent, docile, vigilant, etc.

Il arriva ici, hier, à pied, nuitamment.

Point et virgule (;).

La douceur est, à la vérité, une vertu ; mais elle ne doit point dégénérer en faiblesse.

Nous devons obéir à nos parents qui nous protégent ; à nos maîtres qui nous instruisent, etc.

Deux-points (:).

Il ne faut jamais se moquer des malheureux : qui peut se flatter d'être toujours heureux ?

Point (.).

Dieu a créé le ciel et la terre.

55e LEÇON.

Point d'interrogation (?).

Comment vous portez-vous ? Quelle heure est-il ?

Point d'exclamation (!).

Que je vous aime ! Que le ciel est beau !

Traînée de points (. . . .).

Si je . . . . Voulez-vous . . . . ?

Trait de séparation (—).

Voulez-vous venir avec moi ? — Où ? — En ville.
— Je le veux bien.

Guillemets (« »).

Voici ses dernières paroles : « Je vous recommande
mes enfants. »

Parenthèse (()).

Une passion funeste (je veux dire le jeu) domine la
plupart des gens oisifs.

Alinéa.

(Voir des exemples dans tous les livres.)

56ᵉ LEÇON.

Abréviations.

J.-C., Jésus-Christ. N.-S. J.-C., Notre-Seigneur Jésus-Christ. N.-D. Notre-Dame (la Sainte-Vierge). S. S., Sa Sainteté (le Pape). S. M., Sa Majesté. L. P. R., Le Prince Royal. S. A. R., Son Altesse Royale. S. Exc., Son Excellence. S. E., Son Eminence. Mᵍʳ, Monseigneur. S. G., Sa Grandeur. S. H., Sa Hautesse. Mᵉ, Maître. M., Monsieur. MM., Messieurs. Mᵐᵉ, Madame. Vᵉ, Veuve. Mᵉˡˡᵉ, Mademoiselle. Le Sʳ, Le Sieur. Mᵈ, Marchand. 7ᵇʳᵉ, Septembre. 8ᵇʳᵉ, Octobre. 9ᵇʳᵉ, Novembre. Xᵇʳᵉ, Décembre. Nᵒ, Numéro. 1ᵉʳ, Premier. 2ᵉ, Deuxième. C.-à-d., C'est-à-dire. Ex., Exemple. Ps., Psaume. Ant., Antienne. ℟., Verset. ℟., Répons. N. B., Nota bene. P. S. Post-Scriptum. §, Paragraphe. Etc., Et cætera.

57e LEÇON.

Liaison des mots.

Par les consonnes b c f l r m n.

Jacob arriva	*lisez*	Jaco-b-arriva.
Un choc affreux		Un cho-c-affreux.
Un bœuf à la mode		Un bœu-f-à la mode.
Un bel habit		Un bè-l-habit.
Un ver à soie		Un vè-r-à soie.
Du rhum en bouteille		Du rhu-m-en bouteille.
Examen oral		Examè-n-oral.

Par la consonne t.

Méchant enfant	*lisez*	Méchan-t-enfant.
Dieu fait homme		Dieu fai-t-homme.
Le pot au feu		Le po-t-au feu.

Par la consonne z.

Allez à la messe	*lisez*	Allé-z-à la messe.
Soyez heureux		Soyé-z-heureux.

Par la consonne p.

Tu es trop ardent	*lisez*	Tu es tro-p-ardent.
Je pense beaucoup à vous		Je pense beaucou-p-à vous.

Par la consonne c.

Tabac à fumer	*lisez*	Taba-c-à fumer

Par la consonne r.

Aller à Paris	*lisez*	Allé-r-à Paris.

58e LEÇON.

(Suite.)

Par des consonnes changeant de valeur.

Grand homme	*lisez*	Gran-t-homme.
Rang élevé		Ran-c-élevé.
Deux amis		Deu-z-amis.
Trois enfants		Troi-z-enfants.
Neuf ans		Neu-v-ans.
Respect humain		Respe-c-humain.
Sort heureux		So-r-heureux.
Poignard ensanglanté		Poigna-r-ensanglanté.

Par la suppression de l'e muet.

Grande échelle	*lisez*	Gran-d-échelle.
Mouche à miel		Mouch-à miel.
Chère amie		Chè-r-amie.
Chaque étoile		Chaqu-é-toile.
Belle église		Bé-l-église.

Par les consonnes nasales.

En enfant gâté	*lisez*	En-n-enfant gâté.
Matin et soir		Matin-net soir.
Un bon homme.		Un bo-n-homme.
Etre bien élevé		Etre bien-n-élevé.
D'un commun accord		D'un commun-n-accord.

Ne liez pas.

Du vin aigre. Le malin esprit. Le bien et le mal. Vous êtes onze. Sauter haut. Tu es trop hardi. Cinq hallebardes, etc.

59e LEÇON.

Lecture par lettres ou sans le sens et avec épellation.

L'oraison dominicale.

No | tre | pè | re | qui | ê | tes | aux | Cieux, | que|
vo | tre | nom | soit | sanc | ti | fi | é, | que | vo | tre|
rè | gne | ar | ri | ve, | que | vo | tre | vo | lon | té |
soit | fai | te | en | la | ter | re | com | me | au | ciel. |
Don | nez | nous | au | jour | d'hui | no | tre | pain |
quo | ti | dien, | par | don | nez | nous | nos | of | fen|
ses | com | me | nous | par | don | nons | à | ceux|
qui | nous | ont | of | fen | sés ; | et | ne | nous | lais-|
sez | pas | suc | com | ber | à | la | ten | ta | tion, |
mais | dé | li | vrez | nous | du | mal. | Ain | si | soit- | il. |

Lecture par syllabes ou sans le sens et sans épellation.

L'oraison dominicale.

No | tre | pè | re | qui | ê | tes | aux | cieux, | que |
vo | tre | nom | soit | sanc | ti | fi | é, | que | vo | tre|
ré | gne | ar | ri | ve, | que | vo | tre | vo | lon | té |
soit | fai | te | en | la | ter | re | com | me | au | ciel. |
Don | nez- | nous | au | jour | d'hui | no | tre | pain |
quo | ti | dien | et | par | don | nez- | nous | nos | of- |
fen | ses, | com | me | nous | par | don | nons | à |
ceux | qui | nous | ont | of | fen | sés ; | et | ne | nous |
lais | sez | point | suc | com | ber | à | la | ten | ta | tion, |
mais | dé | li | vrez- | nous | du | mal. | Ain | si | soit- | il. |

60ᵉ LEÇON.

Lecture par mots, avec leur sens et sans épellation.

L'oraison dominicale.

Notre | père | qui | êtes | aux | cieux, | que | votre | nom | soit | sanctifié | , que | votre | volonté | soit | faite | en | la | terre | comme | au | ciel | . Donnez | nous | aujourd'hui | notre | pain | quotidien , | et | pardonnez- | nous | nos | offenses | comme | nous | pardonnons | à | ceux | qui | nous | ont | offensés ; | et | ne | nous | laissez | point | succomber | à | la | tentation , | mais | délivrez- | nous | du | mal. | Ainsi | soit- | il.

Lecture par petites portions de phrase, avec leur sens
et sans épellation.

L'oraison dominicale.

Notre père | qui êtes | aux cieux, | que votre nom | soit sanctifié, | que votre règne | arrive, | que votre volonté | soit faite | en la terre | comme au ciel. | Donnez-nous | aujourd'hui | notre pain quotidien; | et pardonnez-nous | nos offenses | comme | nous pardonnons | à ceux | qui | nous ont offensés; | et ne nous | laissez pas | succomber | à la tentation, | mais | délivrez-nous | du mal. | Ainsi soit-il.

61e LEÇON.

*Lecture par grandes portions de phrases avec leur sens
et sans épellation.*

L'oraison dominicale,

Notre père, qui êtes aux cieux, | que votre nom soit sanctifié, | que votre règne arrive, | que votre volonté soit faite en la terre comme au ciel. | Donnez-nous aujourd'hui notre pain quotidien, | et pardonnez-nous nos offenses, | comme nous pardonnons à ceux qui nous ont offensés; | et ne nous laissez pas succomber à la tentation, | mais délivrez-nous du mal. | Ainsi soit-il.

*Lecture courante de l'ensemble, ou avec le sens total
et sans épellation.*

L'ORAISON DOMINICALE.

Notre Père, qui êtes aux Cieux, que votre nom soit sanctifié, que votre règne arrive, que votre volonté soit faite en la terre comme au ciel. Donnez-nous aujour-d'hui notre pain quotidien, et pardonnez-nous nos offenses, comme nous pardonnons à ceux qui nous ont offensés; et ne nous laissez point succomber à la ten-tation, mais délivrez-nous du mal. Ainsi soit-il.

62ᵉ LEÇON.

LA SALUTATION ANGÉLIQUE.

Je vous salue, Marie, pleine de grâce, le Seigneur est avec vous ; vous êtes bénie entre toutes les femmes, et Jésus, le fruit de vos entrailles, est béni. Sainte Marie, mère de Dieu, priez pour nous, pauvres pécheurs, maintenant et à l'heure de notre mort. Ainsi soit-il.

LE SYMBOLE DES APÔTRES.

Je crois en Dieu le Père tout-puissant, créateur du ciel et de la terre, et en Jésus-Christ son fils unique notre Seigneur, qui a été conçu du Saint-Esprit, est né de la Vierge Marie, a souffert sous Ponce-Pilate, est mort et a été enseveli, est descendu aux enfers et, le troisième jour, est ressuscité des morts, est monté aux cieux, est assis à la droite de Dieu le Père tout-puissant, d'où il viendra juger les vivants et les morts. Je crois au Saint-Esprit, la sainte Église catholique, la communion des saints, la rémission des péchés, la résurrection de la chair, la vie éternelle. Ainsi soit-il.

Faites lire ces prières à l'élève le plus tôt possible, en y mettant l'accent et le geste voulus.

65ᵉ LEÇON.

LA CONFESSION DES PÉCHÉS.

Je confesse à Dieu tout-puissant, à la bienheureuse Marie toujours vierge, à saint Michel archange, à saint Jean-Baptiste, aux saints apôtres Pierre et Paul, à tous les Saints, et à vous, mes frères, que j'ai beaucoup péché par pensées, par paroles et par actions : c'est par ma faute, c'est par ma propre faute, c'est par ma très-grande faute. C'est pourquoi je prie la bienheureuse Marie toujours Vierge, saint Michel archange, saint Jean-Baptiste, les saints Apôtres Pierre et Paul, tous les Saints, et vous, mes frères, de prier pour moi le Seigneur notre Dieu.

Que le Dieu tout-puissant nous fasse miséricorde, qu'il nous pardonne nos péchés, et nous conduise à la vie éternelle. Ainsi soit-il.

Que le Seigneur tout-puissant et miséricordieux nous accorde le pardon, l'absolution et la rémission de nos péchés. Ainsi soit-il.

5

64ᵉ LEÇON.

LES COMMANDEMENTS DE DIEU.

1. Un seul Dieu tu adoreras,
   Et aimeras parfaitement.
2. Dieu en vain tu ne jureras,
   Ni autre chose pareillement.
3. Les dimanches tu garderas,
   En servant Dieu dévotement.
4. Tes père et mère honoreras,
   Afin de vivre longuement.
5. Homicide point ne seras,
   De fait ni volontairement.
6. Luxurieux point ne seras,
   De corps ni de consentement.
7. Le bien d'autrui tu ne prendras,
   Ni retiendras à ton escient.
8. Faux témoignage ne diras,
   Ni mentiras aucunement.
9. L'œuvre de chair ne désireras,
   Qu'en mariage seulement.
10. Biens d'autrui ne convoiteras,
    Pour les avoir injustement.

65e LEÇON.

LES COMMANDEMENTS DE L'ÉGLISE.

1. Les fêtes tu sanctifieras,
   Qui te sont de commandement.
2. Les Dimanches messe entendras,
   Et les Fêtes pareillement.
3. Tous tes péchés confesseras,
   A tout le moins une fois l'an.
4. Ton créateur tu recevras,
   Au moins à Pâques humblement.
5. Quatre-Temps, Vigiles, jeûneras,
   Et le Carême entièrement.
6. Vendredi, chair ne mangeras,
   Ni le samedi mêmement.

66e LEÇON.

Lecture du latin (1).

L'ORAISON DOMINICALE.

Pater noster qui es in cœlis, sanctificetur nomen tuum, adveniat regnum tuum, fiat voluntas tua, sicut in cœlo et in terra; panem nostrum quotidianum da nobis hodiè, et dimitte nobis debitta nostra sicut et nos dimittimus debitoribus nostris, et ne nos inducas in tentationem, sed libera nos a malo. Amen.

LA SALUTATION ANGÉLIQUE.

Ave, Maria, gratiâ plena : Dominus tecum : benedicta tu in mulieribus, et benedictus fructus ventris tui Jesu.

Sancta Maria, Mater Dei, ora pro nobis peccatoribus, nunc et in hora mortis nostræ. Amen.

---

(1) En lisant le latin on prononce toutes les voyelles et toutes les consonnes, si ce n'est dans certains cas particuliers, dont la plupart se rencontrent dans la lecture du français.

67ᵉ LEÇON.

LE SYMBOLE DES APÔTRES.

Credo in Deum Patrem omnipotentem, Creatorem
cœli et terræ ; et in Jesum Christum Filium ejus unicum
Dominum nostrum, qui conceptus est de Spiritu Sancto,
natus ex Mariâ Virgine ; passus sub Pontio Pilato :
crucifixus, mortuus et sepultus ; descendit ad inferos,
tertia die resurrexit à mortuis : ascendit ad cœlos; sedet
ad dexteram Dei Patris omnipotentis : indè venturus
est judicare vivos et mortuos. Credo in Spiritum San-
ctum, Sanctam Ecclesiam Catholicam, Sanctorum com-
munionem, remissionem peccatorum, carnis resurrectio-
nem, vitam æternam. Amen.

68ᵉ LEÇON.

LA CONFESSION DES PÉCHÉS.

Confiteor Deo omnipotenti, beatæ Mariæ semper Virgini, beato Michaeli Archangelo, beato Joanni Baptistæ, sanctis Apostolis Petro et Paulo, omnibus Sanctis et vobis, fratres, quia peccavi nimis cogitatione, verbo et opere, meâ culpâ, meâ culpâ, meâ maximâ culpâ. Ideò precor beatam Mariam semper Virginem, beatum Michaelem Archangelum, beatum Joannem Baptistam, sanctos Apostolos Petrum et Paulum, omnes Sanctos et vos, fratres, orare pro me ad Dominum Deum nostrum.

Misereatur nostri, omnipotens Deus, et dimissis peccatis nostris, perducat nos ad vitam æternam.

Indulgentiam, absolutionem et remissionem peccatorum nostrorum tribuat nobis omnipotens et misericors Dominus. Amen.

69ᵉ LEÇON.

Ego sum Dominus Deus tuus qui eduxi te de terrâ Ægypti, de domo servitutis. Non habebis Deos alienos coram me; non facies tibi sculptile, neque omnem similitudinem quæ est in cœlo desuper et quæ in terrâ deorsum, neque eorum quæ sunt in aquis sub terrâ. Non adorabis ea, neque coles : ego sum Dominus Deus tuus, fortis, zelotes, visitans iniquitatem patrum in filios, in tertiam et quartam generationem eorum qui oderunt me, et faciens misericordiam in millia his qui diligunt me et custodiunt præcepta mea.

Non assumes nomen Domini Dei tui in vanum : nec enim habebit insontem Dominus eum qui assumpserit nomen Domini Dei sui frustra.

Memento ut diem sabbati sanctifices. Sex diebus operaberis et facies omnia opera tua. Septimo autem die, sabbatum Domini Dei tui est : non facies omne opus in eo, tu, et filius tuus, et filia tua, servus tuus et ancilla

70ᵉ LEÇON.

tua, jumentum tuum et advena qui est intra portas tuas. Sex enim diebus fecit Dominus cœlum et terram et mare et omnia quæ in eis sunt; et requievit in die septimo : id circo benedixit Dominus diei sabbati et sanctificavit eum.

Honora patrem tuum et matrem tuam, ut sis longævus super terram quam Dominus Deus tuus dabit tibi.

Non occides.

Non mœchaberis.

Non furtum facies.

Non loqueris contra proximum tuum falsum testimonium.

Non concupisces domum proximi tui , nec desiderabis uxorem ejus, non servum , non ancillam , non bovem, non asinum, neque omnia quæ illius sunt.

NUMÉRATION.

Noms de nombre.	*Chiffres arabes.*	*Chiffres romains.*
Un.	1.	I.
Deux.	2.	II.
Trois.	3.	III.
Quatre.	4.	IV.
Cinq.	5.	V.
Six.	6.	VI.
Sept.	7.	VII.
Huit.	8.	VIII.
Neuf.	9.	IX.
Dix.	10.	X.
Onze.	11.	XI.
Douze.	12.	XII.
Treize.	13.	XIII.
Quatorze.	14.	XIV.
Quinze.	15.	XV.
Seize.	16.	XVI.
Dix-sept.	17.	XVII.
Dix-huit.	18.	XVIII.
Dix-neuf.	19.	XIX.

(SUITE.)

Noms de nombre.	Chiffres arabes.	Chiffres romains.
Vingt.	20.	XX.
Vingt-un.	21.	XXI.
etc.	etc.	etc.
Trente.	30.	XXX.
Quarante.	40.	XL.
Cinquante.	50.	L.
Soixante.	60.	LX.
Soixante-dix.	70.	LXX.
Quatre-vingts.	80.	LXXX.
Quatre-vingt-dix.	90.	XC.
Cent.	100.	C.
Cent et un.	101.	CI.
etc.	etc.	etc.
Deux cents.	200.	CC.
Trois cents.	300.	CCC.
Quatre cents.	400.	CD.
Cinq cents.	500.	D.
Six cents.	600.	DC.
Sept cents.	700.	DCC.

73ᵉ LEÇON.

(SUITE.)

Noms de nombre.	Chiffres arabes.	Chiffres romains.
Huit cents.	800.	DCCC.
Neuf cents.	900.	CM.
Mille.	1,000.	M ou $\bar{\text{I}}$.
Mille et un.	1,001.	MI ou $\bar{\text{II}}$.
etc.	etc.	etc.
Deux mille.	2,000.	$\bar{\bar{\text{II}}}$.
Trois mille	3,000.	$\bar{\bar{\text{III}}}$.
Quatre mille.	4,000.	$\overline{\text{IV}}$.
Cinq mille.	5,000.	$\overline{\text{V}}$.
Six mille.	6,000.	$\overline{\text{VI}}$.
Sept mille.	7,000	$\overline{\text{VII}}$.
Huit mille.	8,000	$\overline{\text{VIII}}$.
Neuf mille.	9,000.	$\overline{\text{IX}}$.
Dix mille.	10,001.	$\overline{\text{X}}$.
Dix mille et un.	10,0001.	$\overline{\text{XI}}$.
etc.	etc.	etc.

74ᵉ LEÇON.

PREMIERS ÉLÉMENTS DU DESSIN LINÉAIRE.

Point.	
Ligne droite.	
Ligne courbe.	
Ligne brisée.	
Ligne perpendiculaire.	*Triangle.*
Ligne horizontale.	*Carré.*
Ligne oblique.	*Rectangle.*
Lignes parallèles.	*Losange.*
Angle aigu.	*Hexagone.*
Angle droit.	*Cercle.*
Angle obtus.	*Ovale.*

Exercez l'élève à tracer ces lignes et ces figures, afin de le préparer à bien écrire.

*Explications pouvant servir d'Exercices de lecture courante,
avec toutes sortes de caractères.*

Exposition publiée en tête de la 5ᵉ édition.

Cette méthode de lecture est complète, non-seulement en ce qu'elle embrasse tous les procédés connus, mais encore en ce qu'elle surmonte l'ensemble des difficultés.

Dans un ouvrage que nous avons publié (1), nous avons établi qu'il n'existe que cinq méthodes de lecture fondamentales, encore ne les avons-nous qualifiées de méthodes que pour paraître entrer davantage dans les vues de leurs auteurs, car elles ne sont au fond que des procédés partiels, et non une série de moyens rigoureusement coordonnés avec la série des difficultés à vaincre.

Celle de ces méthodes qui se présente la première, c'est la méthode iconographique ou avec des images. Elle est sans contredit, pour les plus jeunes enfants, la plus attrayante de toutes; mais comme elle n'a guère servi jusqu'ici qu'à enseigner les noms usuels des lettres, il s'ensuit qu'elle n'a eu de puissance que pour aider à faire faire le premier pas, lequel est de tous le

---

(1) *Examen Comparatif de toutes les Méthodes de Lecture.* Se vend chez les mêmes libraires. Prix : 50 cent..

plus facile. Dans notre méthode, au contraire, le dessin a reçu toute l'extension dont il est susceptible. En effet, que pourrait-il fournir de plus que des vignettes qui interprètent des phrases instructives et amusantes où se rencontrent sans mélange les éléments simples de la lecture? Ce sont ces vignettes que d'abord le Maître enseignera à l'élève de manière à lui faire connaître et retenir les phrases correspondantes.

La seconde méthode est celle du célèbre Jacotot, laquelle roule sur un procédé de décomposition et de recomposition aussi ancien que le monde ; c'est pourquoi son efficacité ne saurait être mise en doute. Mais telle qu'elle est généralement employée, elle est sous plusieurs rapports très-défectueuse : outre qu'elle abuse de l'analyse naturelle, elle attend tout de l'occasion. C'est pour cette raison que nous en avons réduit l'usage à nos premières phrases, que, de plus, nous avons eu soin de présenter dans un mécanisme où les rapports des parties et du tout sont en quelque sorte rendus visibles. Le Maître fera donc lire et relire ces phrases ainsi que les mots, les syllabes, les sons et les articulations, dont elles sont composées. Loin de s'astreindre dans ces exercices à une marche déterminée, il pourra porter au hasard l'attention de l'élève sur tel ou tel élément.

La troisième méthode est fondée sur le procédé de la nouvelle épellation, dont l'objet est avant tout d'enseigner promptement à lire. Libre d'inquiétude sur les difficultés qu'elle peut omettre, et sur celles qu'elle peut créer pour l'avenir, cette méthode commence par affecter aux lettres des dénominations nouvelles, plus commodes peut-être pour les premiers progrès, mais à coup sûr nuisibles aux études ultérieures : aussi ne s'applique-t-elle avec quelque avantage qu'à la lecture des mots écrits selon la prononciation, qui, on le sait, sont en petit nombre dans la langue française. C'est pour cet usage seulement que nous l'avons adoptée, ayant soin de faire ressortir la valeur de chaque consonne en l'accompagnant de l'*e* muet, et de bannir par là les noms absurdes et ridicules, be, ce—que, de, etc. Ce procédé, réduit à sa juste valeur, est applicable dans notre méthode de la 1re leçon à la 23e, mais plus particulièrement de la 18e à la 23e. Ajoutons que telle qu'elle est connue aujourd'hui, cette méthode peut être accusée de n'avoir aucune racine dans le bon sens public, de marcher en sens inverse de la connaissance de l'orthographe, et enfin de ne reposer que sur de grossiers moyens de mnémonique extrêmement dangereux pour les études primordiales.

La quatrième méthode est celle qui s'appuie sur le procédé de l'ancienne épellation. Assurément elle est la plus ancienne et la plus connue. Nous la qualifierions volontiers de méthode par excellence, quoiqu'elle nous ait été léguée dans un état d'imperfection bien fait pour soulever des objections et occasionner de véritables inconvénients. Groupées autour d'elle les autres méthodes sont ce qu'elles peuvent et doivent être, des moyens pour attaquer de plus loin la difficulté et des correctifs pour parer aux abus. Les noms qu'elle donne aux lettres sont essentiellement nationaux, et elle ne les abandonne jamais. Le mode d'épellation auquel elle donne lieu, s'applique non-seulement aux cas réguliers, mais encore aux cas irréguliers, et il conduit directement aux études orthographiques. De tels avantages lui assureront toujours une grande supériorité aux yeux des personnes qui ne se laissent pas éblouir par la fausse logique de ses détracteurs. Nous en faisons particulièrement usage de la 24e leçon à la 53e, bien qu'il soit possible et souvent avantageux d'en étendre beaucoup plus l'emploi.

La cinquième méthode repose sur le procédé dit sans épellation, lequel tend à faire lire de prime-abord les syllabes sans les décomposer et même sans nommer leurs éléments. Ce procédé, inventé il y a peu d'années pour obvier aux abus des deux modes d'épellation connus, a l'inconvénient d'être par lui-même tout-à-fait insuffisant et fort difficile à mettre en pratique pour le plus grand nombre des

Maîtres et des élèves. Pour nous, nous ne l'adoptons que comme un moyen de faire cesser toute épellation aussitôt que possible, et c'est principalement après qu'on a tout fait épeler que l'épellation peut réellement être supprimée.

A ces cinq sortes de méthodes de lecture nous serions peut-être en droit d'ajouter la nôtre comme une sixième, si c'était un titre suffisant pour former une classe à part, que de résumer en un seul et même système tous les procédés connus, procédés qui ont cela de remarquable que dans l'ordre dans lequel nous les avons disposés, ils conduisent d'abord de la parole à l'écriture et ensuite de l'écriture à la parole. Mais à cet égard nous ne ferons pas nous-même l'éloge de notre propre ouvrage : qu'il nous soit permis seulement de dire que ce n'est qu'après de mûres réflexions que nous nous sommes déterminé à mettre au jour le fruit de notre expérience et de nos recherches. Les Maîtres apprécieront sans doute les avantages propres à une méthode qui met à sa véritable place chaque difficulté et chaque moyen, qui n'omet rien et ne répète rien inutilement, qui prépare à la connaissance de l'orthographe, et qui enfin est à la portée de toutes les intelligences.

Notre propre expérience et celle d'un grand nombre de Maîtres et de Maîtresses, nous ont surabondamment prouvé qu'avant d'être arrivé à la fin de notre méthode, l'élève peut s'essayer avec succès à lire dans les petits ouvrages destinés à l'enfance. Mais à ce sujet nous recommanderons d'ajourner le plus longtemps possible la lecture courante dans un de ces livres, de peur que l'élève ne s'accoutume à lire mal là où seraient des difficultés qui ne lui auraient pas été enseignées. Beaucoup de personnes ont eu l'heureuse idée d'emprunter à nos exercices les matériaux d'une méthode d'écriture et des dictées d'orthographe. C'est un exemple bon à suivre. Nous ne dirons rien sur celles de nos leçons qui roulent sur la Ponctuation, la Numération, la Lecture courante, et la Lecture du latin, sinon qu'un habile instituteur peut en tirer un excellent parti.

Nancy, imprimerie de veuve Raybois et Comp.

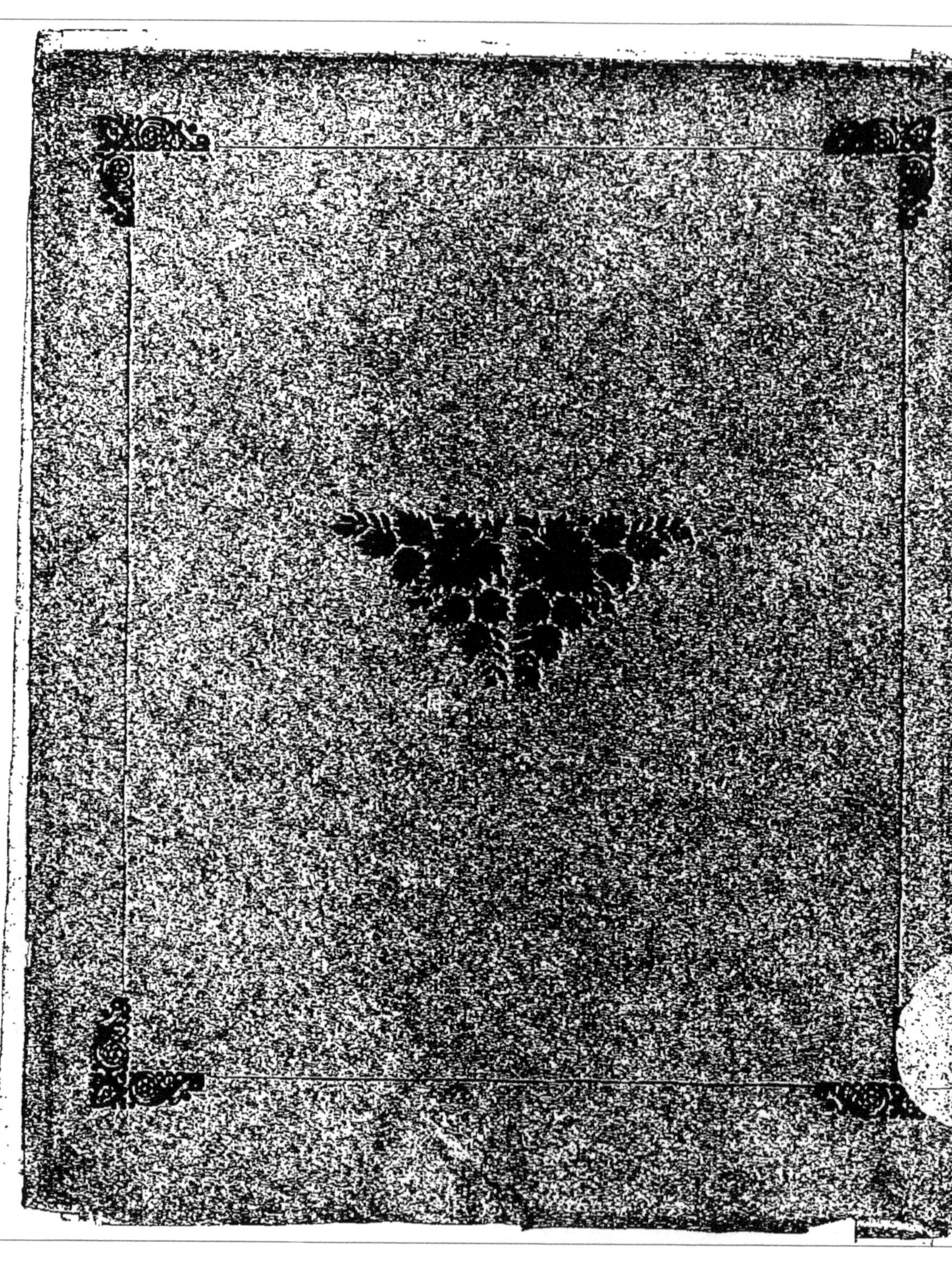